Une carte magique

Enrichissez votre Vocabulaire

Un glossaire situé en pages 47-48 donne la signification des mots moins courants indiqués en **violet** dans le texte.

Conception et texte : Olivier Dubois du Nilac
Illustrations : Floriane Roussel

Il est 10 heures du matin et il y a bien longtemps que Petit Malin est parti à l'école.

Pourtant, la maison n'est pas vide. Le gulu dort encore profondément.

Il ronfle paisiblement comme un bienheureux avec un sourire malicieux au coin des lèvres.

Il rêve qu'il est sur le point d'engloutir un pot de succulente confiture aux framboises.

Mais voilà que tout à coup un bruit strident le sort brusquement de son sommeil.

« Mais que se passe-t-il ? » se demande le gulu. « Quelle idée de venir réveiller les gens de si bonne heure ! Et moi qui m'apprêtais à déguster cette délicieuse confiture... »

DRING

Il enfile sa vieille robe de chambre pleine de trous et se dirige en titubant vers la porte d'entrée.

Il ouvre et découvre le facteur qui brandit une lettre.

- Bonjour ! dit-il au gulu qui le regarde d'un air hagard. Je suis désolé de t'avoir réveillé mais j'apporte une lettre très importante pour Petit Malin.

- Je m'en occupe ! s'écrie le gulu en lui arrachant le courrier des mains.

- C'est bien ce qui m'inquiète, rétorque le facteur. Es-tu bien sûr que tu n'oublieras pas de remettre cette lettre à Petit Malin ?

Le gulu hausse les épaules avec dédain et répond dignement :

- Mais pour qui me prenez-vous monsieur le facteur ? Par Alpha et Bêta, apprenez que le gulu n'oublie jamais rien. Je vous salue mon brave, ajoute encore le gulu d'un ton hautain, en lui fermant la porte au nez.

L'arrivée inopinée de ce courrier a bien évidemment éveillé la curiosité du gulu. « Pourquoi cette enveloppe est-elle si importante et que peut-elle bien contenir ? se demande le gulu en l'inspectant minutieusement.

Tout à coup, il aperçoit au dos de l'enveloppe, une inscription faite à l'encre rouge. « C'est un message ! », s'exclame le gulu tremblant d'excitation. Sur l'enveloppe, il est écrit: « Ouvrez vite ! Un cadeau vous attend à l'intérieur ! »

« Quoi... que.... comment ? Un ca... ca... ca-deau ! », bégaie le gulu, les yeux exorbités. « Il faut à tout prix que je sache ce qui se trouve à l'intérieur. »

Ouvrez vite !
Un cadeau vous attend
à l'intérieur !

« Je suis sûr que Petit Malin ne m'en voudra pas si je jette un petit coup d'oeil », se dit-il pour se rassurer et se donner bonne conscience.

Le gulu tente tout d'abord d'ouvrir l'enveloppe avec délicatesse.
Toutefois, bouillant d'impatience, il finit par déchirer le dos pour en extirper une lettre et une petite carte en plastique.

« Je ne vois rien d'intéressant là-dedans », songe le gulu, visiblement déçu.
« Voyons tout de même ce qui est écrit dans la lettre », se dit le gulu qui n'a plus rien à perdre

cadeau vous att
à l'intéri

Il la prend et se met à la lire à haute voix :
Cher Petit Malin, pour vous remercier de votre fidélité, votre banque, la Société Généreuse, a le plaisir de vous offrir gratuitement votre toute nouvelle carte bancaire.
Avec celle-ci, vous pourrez acheter tout ce que vous voulez sans avoir besoin d'argent sur vous. Votre code secret est le 007.

Votre banque dévouée.
Signé: la Société Généreuse.

« Génial ! », s'exclame tout haut le gulu.
« Voilà une banque qui porte bien son nom.
Vraiment, je ne comprends pas pourquoi
Petit Malin dit sans cesse que les banquiers
sont des voleurs.
Je vais aller immédiatement essayer cette
carte. Ainsi, je pourrai expliquer à Petit Malin
comment elle marche. »

Le gulu quitte rapidement la maison et
se rend à toute vitesse au centre commercial

Banque
VISA

Tout essoufflé, il pénètre enfin *Au royaume des gourmands*, son magasin préféré.

Il s'arrête un moment pour reprendre son souffle et contempler avec ravissement toutes ces gourmandises qui s'étalent à perte de vue.

Les rayons regorgent de bonbons, de biscuits, de gâteaux et de chocolat.

Bonbons 3
Bonbons 3
Bonbons
Bonbons 4
Bonbons 4
Bonbons 5
Bonbons 5

Le gulu s'empare d'un caddie et se met
à circuler à vive allure entre les allées.

Il s'arrête brièvement à chaque rayon
pour remplir son chariot de toutes sortes
de douceurs.

Bonbons
4 Bonbons
Bonbons 4
5 Bonbons
Bonbons 5

A peine 5 minutes plus tard, il arrive
à la caisse avec un caddie qui déborde
de confiseries.
« Bon, pour aujourd'hui ça ira », se dit le gulu
pour se consoler. « Je reviendrai acheter
le reste demain. »

Lorsqu'elle voit le caddie du gulu, la caissière
est très impressionnée.
- Vous devez avoir une famille très
nombreuse, dit-elle au gulu.
- Non, heureusement pas, répond le gulu
horrifié à l'idée de devoir partager son butin
avec d'autres.

Toutefois, la question de la caissière lui fait soudain penser à quelque chose d'important

« Mais bien sûr ! », s'écrie le gulu.
« J'ai oublié de faire un achat. »

Le gulu interpelle une vendeuse et lui demande de mettre trois chocolats dans un petit paquet.

- C'est pour offrir, précise-t-il encore. Mettez-les dans un beau sachet transparent.

« Petit-Malin sera ravi. Il raffole du chocolat pense-t-il tout bas.

Le gulu est de retour à la caisse.

Sortis du chariot et posés sur le tapis roulan
ses achats défilent devant la caissière.

Celle-ci les attrape prestement au passage
pour saisir les codes-barres.

Enfin le dernier article est passé
et la caissière annonce d'une voix solennelle
le montant énorme de la facture:

- 147 euros et 32 centimes.
- Seulement, dit le gulu en prenant un air blasé
- Vous êtes mon plus gros client de cette année, répond la caissière sur un ton admiratif.
- Ah oui, vraiment ? Pourtant, ce n'est qu'un début, ajoute encore le gulu.

147 €
et 32 centimes

- Vous souhaitez payer comment ? Avec une carte ou en liquide ? demande-t-elle au gulu.

- Mais comment savez-vous que j'ai reçu une carte de la Société Généreuse ? questionne le gulu tout étonné. Vous ne seriez pas voyante par hasard ?

La caissière ne répond pas mais lui explique très aimablement la marche à suivre :

- Introduisez votre carte dans l'appareil, composez votre code secret, puis pressez sur la touche verte pour confirmer votre achat.

Banque
4973 0197 4274
4973
CB
03/06 V

Très flatté d'être traité avec une telle considération, le gulu joue à celui qui à l'habitude.

- Rien de plus simple, déclare le gulu avec assurance. J'en ai juste pour quelques secondes.

Le gulu s'exécute et comme par magie le paiement s'effectue avec succès.

- Vous voyez, ça fonctionne à merveille, dit-il à la caissière en lui adressant un grand sourire.

Maintenant, le gulu est sur le chemin du retour.
Il est chargé comme un mulet.

Il porte un immense carton en équilibre
sur la tête.

Dans la main droite, il tient avec précaution
le tout petit sachet de chocolats destiné
à Petit Malin.

Aussitôt arrivé dans sa chambre, il attaque son festin.

Il se bourre de chocolats, de bonbons et de biscuits.

« Hum ! que c'est bon», pense-t-il en se caressant le ventre.
« Je regrette juste de n'avoir pu emporter qu'une quantité aussi infime de sucreries. »

Quand Petit Malin arrive une heure plus tard, le gulu vient tout juste de finir son festin.

Son ventre est si gonflé qu'il repose sur le sol.

- Tiens ! dit-il à Petit Malin en lui tendant le minuscule sachet de chocolats.

- J'ai pensé à toi aujourd'hui. Je t'ai acheté de délicieux chocolats.

- Oh comme tu es gentil mon petit gulu. Il ne fallait pas te ruiner pour moi ! s'exclame Petit Malin très ému.

- Ce n'est rien, répond avec modestie le gulu. Quand j'ai vu ces chocolats, je me suis dit: « ils sont pour Petit Malin. »

- J'espère qu'il te restait assez d'argent pour acheter aussi quelque chose pour toi, questionne Petit Malin.

- Ne t'inquiète pas Petit Malin, je n'avais pas très faim aujourd'hui.

- A propos gulu, j'attends un courrier important de la banque. Est-ce qu'il est arrivé ?

- Tu veux parler de ta nouvelle carte bancaire sans doute ? Oui, oui, le facteur l'a apportée ce matin.
Je l'ai posée dans ta chambre, sur la table de nuit.

- Ouf ! Tu ne peux pas savoir comme je suis soulagé. Mon ami, Marcus, vient tout à l'heure pour chercher l'argent qu'il m'a prêté. Avec cette carte, je vais pouvoir retirer immédiatement l'argent que je lui dois.

- Tu as raison Petit Malin, cette carte est vraiment magique !

Petit Malin est maintenant devant
le distributeur de billets.

Il introduit sa carte et compose son code secret.

Tout à coup, une alerte résonne et un message clignotant s'affiche en grand sur l'écran.
Il est écrit : « Désolés, il ne reste plus un sou sur votre compte !!! »

Désolés,
il ne reste plus un sou
sur votre compte!!!

Glossaire

un sourire malicieux : le sourire d'une personne qui s'apprête à jouer un tour, à faire des bêtises...

une succulente confiture : une confiture excellente, délicieuse.

un bruit strident : un bruit fort, aigu, vibrant et désagréable pour les oreilles.

en titubant : marcher en zigzaguant, en tenant difficilement sur ses jambes.

brandir : montrer en attirant l'attention.

un air hagard : avoir l'air absent, stupéfait.

avec dédain : avec indifférence, mépris.

dignement : adopter une attitude qui inspire le respect.

parler sur un ton hautain : s'adresser à une personne avec orgueil et mépris.

une arrivée inopinée : une arrivée inattendue.

minutieusement : avec le plus grand soin, dans les moindres détails.

les yeux exorbités : avoir les yeux grand ouverts sous le coup d'une vive émotion.

extirper : arracher complètement, extraire avec difficul

contempler avec ravissement : regarder, observer avec joie.

les rayons regorgent de bonbons,... : les rayons sont remplis dune très grande quantité de bonbons...

un butin : constitué, au sens littéral, de tout ce qui a été pris à l'ennemi, le butin désigne ici tout ce que le gulu a pu acheter avec la carte bancaire.

raffoler : adorer.

attraper prestement : saisir avec des gestes rapides et précis.

une voix solennelle : une voix grave et imposante pour donner de l'importance à la déclaration.

un air blasé : comportement indifférent d'une personne qui pense avoir tout vécu.

un festin : un repas excellent composé d'une grande quantité de nourriture.

se bourrer : manger trop, se remplir l'estomac.

une quantité infime : une très petite quantité.